Llegir amb Disney

Winnie the Pooh

cadí

EN WINNIE ES VA DESPERTAR
AMB GANA,
PERÒ NO VA TROBAR A CASA
LA MEL QUE TANT SOMIAVA.

CADIRA

POT

GERRA

MEL
MEL
MEL
EL
MEL

ZUM-ZUM-ZUM-ZUM-ZUUUM

AMAGAT RERE UNA BRANCA,
LA MEL INTENTA AGAFAR.
PERÒ L'HAN VIST LES ABELLES,
I HA DE SORTIR VOLANT.

L'IÀ HA PERDUT LA CUA;
UNA ALTRA LI VOLEN TROBAR.
DONEN COM A RECOMPENSA...
UN POT DE MEL BEN GRAN!

CARTELL

MARTELL

FARISTOL

COMCURS
DE LA CUA
DE L'IÀ
PROVA A

EN CRISTOPHER HA DESAPAREGUT!
EL DUC DIU QUE L'HA RAPTAT
UN MONSTRE BRUT I MALVAT.

QUADRE

MONSTRE

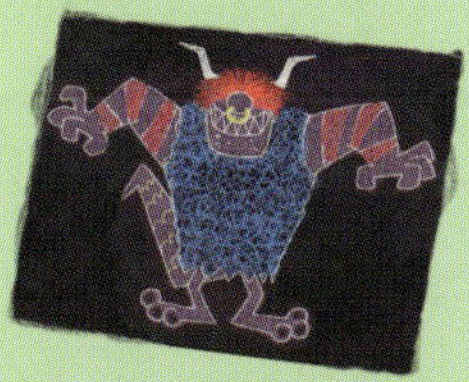

LLIBRE

PER RESCATAR EL SEU AMIC
I CAPTURAR LA BÈSTIA
PREPAREN UNA TRAMPA
AMB ENGINY I PACIÈNCIA.

HAN CAIGUT EN LA TRAMPA
SENSE ACONSEGUIR LA META,
PERÒ PODEN ESCAPAR...
PER UNA ESCALA DE LLETRES!

LLIBRETA

CASCOS

LLETRES

I TOTS
VAN
USAR
L'ESCALA
DE LLETRES

VES PER ON!
LA CUA QUE HA PERDUT EL RUC
ÉS LA CORDA DE LA CAMPANA
DEL DUC.

NO PIKEU.
SI US PLOU,
TOQUEU
LA C'MPANA

TOTS HAN COMPLERT EL SEU ANHEL:
L'IÀ JA TÉ LA CUA,
I EN WINNIE, LA DOLÇA MEL.